# Indépendance ET PATRIE,

NOUVEAU RECUEIL

de Chants nationaux,

PATRIOTIQUES ET POPULAIRES

DES FRANÇAIS

EN 1841.

---

PARIS,

rue des Mauvais-Garçons, 2.

1841

trouvé précisément à l'endroit où d'abord on vait arrêté.

Ces nouvelles me donnèrent beaucoup d[e] quiétudes; les menaces de Pulauski m'effrayai[ent] beaucoup moins pour moi que pour Lodoïska, q[ui] [r]estait en son pouvoir. Il pouvait, dans sa fureu[r] [s]e porter contre elle aux dernières extrémités : [ré]solus de m'exposer à tout pour découvrir la [re]traite du père et la prison de la fille. Le lend[e]main, j'instruisis mes sœurs de mon dessein, et quittai la capitale; le seul Boleslas m'accomp[a]gnait; je me donnai partout pour son frère. No[us] parcourûmes toute la Pologne. Je vis alors q[ue] l'événement ne justifiait que trop les craintes [de] Pulauski. Sous prétexte de faire prêter le serme[nt] de fidélité pour le nouveau roi, les Russes, rép[an]dus dans nos provinces, commettaient mille exa[c]tions dans les villes, et désolaient les campagne[s.] Après avoir perdu trois mois en recherches vaine[s,] désespéré de ne pouvoir retrouver Lodoïska, v[i]vement touché des malheurs de notre patrie, ple[u]rant à la fois sur elle et sur moi, j'allais retourn[er] à Varsovie, pour apprendre moi-même au nou[]veau roi à quels excès des étrangers se portaien[t] dans ses états, lorsqu'une rencontre qui sembla[it] devoir être pour moi très-fâcheuse, me força d[e] prendre un parti tout différent

Les Turcs venaient de déclarer la guerre à l[a] Russie, et les Tartares du Budziac et de la Crim[ée] faisaient de fréquentes incursions dans la Volh[y]nie, où je me trouvais alors. Quatre de ces b[]

# CHANTS
# NATIONAUX.

IMPRIMERIE DE P. BAUDOUIN
Rue des boucheries-Saint-Germain, 38.

# INDÉPENDANCE ET PATRIE.

RECUEIL

de

# NOUVEAUX CHANTS

NATIONAUX

PATRIOTIQUES ET POPULAIRES DES FRANÇAIS.

PARIS.
RUE DES MAUVAIS GARÇONS, 2.

1841.

# CHANSONS

## NATIONNALES ET POPULAIRES.

LE CRI DE GUERRE.

Air : *De Mazagran.*

Peuple vaillant, peuple fort, peuple brave,
Qu'attends-tu donc pour rompre le faisceau,
Lorsqu'à ton front, comme au front de l'esclave,
D'un joug honteux s'est imprimé le sceau ?
    La railleuse Angleterre
    Rit de ton drapeau
    Autrefois si beau ;
    Montre encor à la terre
    Que toujours l'honneur
    Fait battre ton cœur.
Peuple vaillant, peuple fort, peuple brave,
Qu'attends-tu donc pour rompre le faisceau.

Dans son éclat, pour maintenir ta gloire,
Il faut garder tes lauriers toujours verts,
Eux qui jadis aux mains de la victoire,
De leurs rameaux ombrageaient l'univers.
  De leur tige qui tombe,
   Vole au champ d'honneur
   Ranimer la fleur ;
  A l'engrais de la tombe
   Qu'à l'ennemi jaloux
   Creusera ton courroux.
Dans son éclat, pour maintenir ta gloire,
Il faut garder tes lauriers toujours verts.


Sur le théâtre ouvert à la vaillance,
Tu n'as donc plus ton glaive tout-puissant ?
Tu ne sens plus pour venger une offense,
Se soulever ton orgueil et ton sang ?
   Ta tranquille mollesse
   Souffre les dédains
   De tous ces rois nains,
  Qu'en des jours pleins d'ivresse
   Ton regard glaçait,
   Ton bras terrassait !
Sur le théâtre ouvert à la vaillance,
Tu n'as donc plus ton glaive tout-puissant ?

# 7.

N'as-tu donc pas assez repris haleine,
Depuis vingt ans que tu dors sans combat?
D'un long sommeil brise la lourde chaîne,
A la patrie, enfin, rends des soldats.
  Une ignoble alliance
  Ose la ternir,
  Et veut lui ravir
  Jusqu'au nom de puissance;
  Et ton lâche front
  Garde cet affront?
N'as-tu donc pas assez repris haleine,
Depuis vingt ans que tu dors sans combat?

Vois, chaque jour sous un nouvel outrage
Tombe en lambeaux ta mourante splendeur.
Rougis, Français, attise ton courage,
Fais-en jaillir un feu noble et vainqueur.
  Lève-toi, peuple hercule;
  De tant d'ennemis,
  Pour te vaincre, unis,
  Pour qu'aucun ne recule,
  Brise en tes bras forts
  Les frêles efforts.

## LE RÊVE.

### Air : *de la Nostalgie.*

Quel songe heureux! parmi nous plus d'esclave!
Aimable nuit, séduisantes erreurs!
Nos fronts ridés sous de vieilles entraves,
Ont rajeuni sous des bandeaux de fleurs.
De la clarté céleste avant-courrière,
Viens lentement éclairer nos côteaux,
Et près de moi, noble et douce chimère,
Oh! reste encor sous mes rideaux.

Autour de nous l'espérance immortelle
Semant les biens que nous avons rêvés,
Vient convier à sa douce mamelle
Ses nourrissons d'un long fiel abreuvés.
Enfants, vieillards, tous de son lait propice,
Vont épuiser les purs et blancs ruisseaux;
J'ai soif, bien soif, obligeante nourrice,
Oh! reste encor sous mes rideaux.

Sur notre sol la Liberté s'élance :
A son aspect ont tressailli nos rangs,

Je l'aperçois qui porte de sa lance
Le dernier coup aux abus expirants.
L'âme d'un fils doit être si joyeuse,
Quand de sa mère il voit finir les maux !
Rêve léger de la patrie heureuse,
Oh ! reste encor sous mes rideaux.


Partout de fleurs la France est pavoisée,
Elle revêt ses habits triomphants.
Dansant autour de leur chaîne brisée,
A flots pressés bondissent ses enfants,
Leur joie enfin bravant la tyrannie,
De libres airs réjouit les échos ;
Chant d'avenir, glorieuse harmonie,
Résonne encor sous mes rideaux.


Quel est ce bruit ? une voix dans la nue
Crie : Ouvrez-vous, cachots froids et hideux ;
Et nos martyrs que la fièvre exténue,
En se traînant s'écoulent de ces lieux.
Spectres sacrés que d'horribles tortures
Ont mutilés dans ces vivants lambeaux,
Pour que je puisse embrasser vos blessures,
Restez encor sous mes rideaux.

L'égalité n'est plus une chimère,
Sous son niveau l'égoïsme s'endort :
Dans l'indigent le riche voit un frère,
Pour lui renaît un nouvel âge d'or.
Mais, de ces fers que je brisais en songe,
L'aube qui lui ressoude les anneaux,
La nuit s'envole ; adieu riant mensonge,
Reviens, ce soir, sous mes rideaux.

## AUJOURD'HUI COMME AUTREFOIS.

Air : *Venez au long de ce Ruisseau.*

Je ris de cet auteur crédule,
Qui, dans son poétique essor,
Nous trace un conte ridicule
Des merveilles de l'âge d'or.
Vices, vertus, de compagnie,
Habitèrent les premiers toits.
Un peu de tout, voilà la vie,
C'est aujourd'hui comme autrefois.

Vous avez beau vous en défendre,

Vieilles femmes, dans vos beaux jours,
D'un amoureux pressant et tendre
Vous n'évitiez pas les discours.
A votre dire, trop volages,
Nos belles n'ont ni frein ni lois;
Mais, jeunes, étiez-vous plus sages?
C'est aujourd'hui comme autrefois.

Au bon plaisir d'un roi parjure,
De mercenaires généraux,
Pour protéger sa fuite obscure,
Abandonnèrent nos drapeaux.
Crime impuissant! leur lâche absence,
Ne met pas l'armée aux abois.
Il est encor des preux en France,
C'est aujourd'hui comme autrefois.

Français, toujours de quelques chaînes
Le pauvre peuple est garrotté;
N'use pas le sang de tes veines
A poursuivre la liberté.
Pour réjouir un ciel trop sombre,
Vainement l'implore ta voix.
Nos aïeux n'ont vu que son ombre;
C'est aujourd'hui comme autrefois.

Cité belle où plus d'un grand homme
Roula son char victorieux,
Je t'admire, immortelle Rome,
Malgré ton culte et tes faux dieux.
Dans nos modernes capitoles,
Nous encensons l'or et les rois,
Nous n'avons que changé d'idoles :
C'est aujourd'hui comme autrefois.

Il est une chose sur terre
Dont on ne se lasse jamais ;
La beauté sait toujours nous plaire,
Et triompher par ses attraits.
Bien souvent, trompé par les belles,
De les fuir j'ai juré cent fois,
Mais toujours je cours après elles ;
C'est aujourd'hui comme autrefois.

## LE DRAPEAU TRICOLORE.

Air : *Noble laurier décore la vaillance.*

Fier de briller au sein d'une goguette,
Plus d'un auteur fatigue son cerveau

Pour obéir à la sotte étiquette
Qui veut toujours qu'on chante du nouveau.
Mais un sujet dont la France s'honore
Ne doit jamais, amis, nous sembler vieux.
Pour le prouver chantons à qui mieux mieux
  Vive le drapeau tricolore!

Vous, les jouets d'un farouche délire,
Qui conspirez pour une autre couleur,
Le sombre feu que votre âme respire
Loin de la gloire entraîne votre cœur.
Votre étendard que la licence arbore,
Laisse à l'histoire un souvenir d'horreur,
La liberté, la gloire et le bonheur
  Suivent le drapeau tricolore.

D'un roi déchu, téméraires esclaves,
Vous qu'à ses pieds cent fois on vit ramper,
Vous aviez vu comme un peuple de braves
Briser des fers avant de les porter.
Et cependant votre orgueil ose encor
D'un trône en poudre invoquer les débris.
Fuyez, fuyez, trop faibles ennemis
  De notre drapeau tricolore.

Soldats du nord qui reprenez haleine
D'une victoire honorable aux vaincus,
Avec mépris n'agitez pas la chaîne
Qui semble en vain les tenir abattus.
Si vous l'osiez, à la première aurore,
Des Polonais nous grossirions les rangs,
Et cette fois vous fuiriez pâlissants
    Devant le drapeau tricolore.

Nobles débris de notre vieille armée,
A qui vingt ans la victoire a souri,
Dans vos foyers la juste renommée
Vous construisit un glorieux abri.
Vieux vétérans, vous que l'honneur décore,
Soldats heureux d'un vainqueur adoré,
Dormiriez-vous sous un dôme doré,
    Sans notre drapeau tricolore ?

Chef du pouvoir, l'honneur te le confie,
Garde sans tache un si noble dépôt.
De tout le sang qu'il coûte à la patrie,
Chacun de nous a payé son écot.
O mon drapeau, toi que mon cœur adore,
Guerre au tyran qui voudrait te ternir !
La foudre est là pour vous anéantir,
    Traîtres au drapeau tricolore.

## MERCI, MON DIEU, TU NE M'AS PAS FAIT ROI.

Air : *Pourvu que tu n'aimes que moi.*

Chargé du poids d'une lourde couronne
Qu'un autre au sein de son triste palais,
En vacillant sur un fragile trône,
Compte à ses pieds un troupeau de valets.
Dans ces honneurs mon œil troublé découvre
De noirs tableaux qui me glacent d effroi;
Et je me dis, en passant près du Louvre,
Merci, mon Dieu, tu ne m'as pas fait roi.

Savez-vous bien tout ce qu'un sceptre pèse?
Comme il s'ébranle et se brise en un jour?
La trahison qui jamais ne s'apaise,
N'a-t-elle pas près de lui son séjour?
Un roi s'endort comptant sur sa puissance,
Mais, vers minuit un lugubre beffroi
A son chevet sonne la déchéance.
Merci, mon Dieu, tu ne m'as pas fait roi.

Lorsqu'au banquet de sa table brillante,
De courtisans est admis un essaim,

Oh ! plaignons-le, les mets qu'on lui présente
Sont repoussés par sa timide main.
Lorsqu'en sa coupe un convive fidèle,
Verse un nectar offert de bon aloi,
C'est du poison qu'y cherche sa prunelle :
Merci, mon Dieu, tu ne m'as pas fait roi.

Quand du palais où la crainte le lie
Son ennui sombre ose se dégager,
Lorsqu'au printemps, la nature embellie
Peut le distraire au milieu d'un verger ;
De mille fleurs la beauté fraîche et douce
D'un cœur troublé ne calme pas l'émoi.
Son pied redoute un écueil sous la mousse,
Merci, mon Dieu, tu ne m'as pas fait roi.

De vos tombeaux sortez, nobles victimes,
Et dites-nous ce qu'on gagne à trôner,
Henri, Louis, immolés par deux crimes
Qu'en expirant vous sûtes pardonner.
Par le poignard et l'échafaud horrible,
De succomber le sort vous fit la loi.
Je ne crains pas un destin si terrible,
Merci, mon Dieu, tu ne m'as pas fait roi.

Rois, gardez donc votre or, votre puissance,
Tristes hochets, vain remède aux ennuis;
Mais laissez-moi ma douce indépendance,
Mes jours sereins et mes paisibles nuits.
Courbés au joug d'éternelles alarmes,
N'êtes-vous pas plus esclaves que moi?
A n'être rien le ciel a mis des charmes;
Merci, mon Dieu, tu ne m'as pas fait roi.

## L'ESCLAVAGE ET LA LIBERTÉ.

Aie : *A soixante ans, etc.*

Gloire, patrie, honneur, indépendance,
Quel noble cri ! qu'il inspire le cœur !
Lui seul écrase une indigne puissance,
Et met en fuite un farouche oppresseur.
Adoptons-le, qu'il soit mis en usage;
Assez long-temps régna l'impunité.
Peuples, à nous, périsse l'esclavage,
Tyrans à bas, liberté!!! Liberté!!!

Tristes jouets d'un trafic mercenaire,
Que je vous plains, nègres infortunés !

En folâtrant sur le sein d'une mère,
Même en naissant vous fûtes enchaînés.
Relevez-vous, debout ! allons, courage !
Brisez, brisez le fouet ensanglanté ;
Utilisez les fers de l'esclavage,
Armez vos bras, et criez : Liberté !

Il n'est donc plus ton détestable empire
Prêtre envieux du repos des mortels.
Il n'est plus temps de prêcher le délire,
Ni de régner sur d'horribles autels.
Victorieuse, en dépit de ta rage,
A nos regards a lui la vérité,
Et la raison secouant l'esclavage
N'a plus d'encens que pour la liberté.

Républicains, ô mes amis, mes frères,
De la patrie, ah ! respectez les pleurs !
N'immolez pas à de belles chimères,
La douce paix, nos brillantes couleurs.
Notre drapeau du bonheur est le gage,
Rappelez-vous le sang qu'il a coûté.
En s'agitant il chassa l'esclavage,
Et dans ses plis sauva la liberté.

## SI J'ÉTAIS ROI.

Air : *Mes amis, faites comme moi.*

Une couronne au banquet de la vie
Sut m'éblouir par sa noble splendeur,
Mais c'est en vain que mon âme ravie
D'un fol amour savoura la grandeur.
Ah ! sur le char de l'altière puissance
Aucun blason ne brillera pour moi :
Mes bons amis, je n'ai point de naissance,
    M'aimeriez-vous si j'étais roi ?

Sur le passé jetant un œil sévère,
Je m'apprendrais à sauver l'avenir,
Des potentats dont la gloire fut mère
Je garderais le moindre souvenir.
Un vil flatteur jamais en ma présence
N'insulterait Wagram ou Fontenoi,
Mes bons amis, je n'ai point de naissance,
    M'aimeriez-vous si j'étais roi ?

Sans rappeler les croyances proscrites,
J'applaudirais aux faux comme aux vrais dieux ;

Mais de chacun à des bornes prscrites,
J'attacherais l'autel ambiteux.
Un fils du ciel dans l'arche d'alliance
Au poids de l'or ne vendrait plus la foi.
Mes bons amis, je n'ai point de naissance,
    M'aimeriez-vous si j'étais roi?

Le fanatisme est facile à combattre,
Je frapperais lorsqu'il n'est que rampant,
Et dans son sein que la haine fait battre
J'étoufferais le venin qu'il répand.
Sur ses débris la vieille intolérance
Irait mourir pour venger votre effroi.
Mes bons amis, je n'ai point de naissance,
    M'aimeriez-vous si j'étais roi?
Dans un combat je verrais un supplice,
Pour l'éviter, si j'étais impuissant,
Combien de fois avant d'entrer en lice
De mes soldats pèserais-je le sang!
Jamais un père avec indifférence,
De ses enfants a-t-il vu le convoi?
Mes bons amis, je n'ai point de naissance,
    M'aimeriez-vous si j'étais roi?

Si pour régner au nom de ses ancêtres

Quelque héros venait me provoquer,
De vrais sujets ne veulent pas deux maîtres,
C'est dans leurs bras que j'irais abdiquer.
Jamais mon sceptre, ennemi de la France,
Ne deviendrait le marteau d'un beffroi.
Mes bons amis, je n'ai point de naissance,
M'aimeriez-vous si j'étais roi ?

## LA FRANCE A LA CHAMBRE DES DÉPUTÉS.

Air : *du tombeau de Manuel.*

Dans le forum apparaît une femme,
Là, brandissant les couleurs d'Austerlitz,
« Secourez-moi, dit-elle, on me diffame ;
« Je suis la France et j'adjure mes fils.
« Tribuns du peuple, au sort de Bélisaire
« Trop d'ennemis ont réduit ma fierté ;
« N'aurai-je pas pour voiler ma misère,
« Un peu de gloire et plus de liberté ?

« Quoi ! reprend-elle, aux rives de la Loire
« Je sais qu'un jour ma honte a retenti ;

« L'Europe alors osait nier ma gloire,
« Et je n'ai pas vengé ce démenti !
« Il en est temps, me voilà, je suis prête,
« Je viens chercher un bill d'indemnité. »
Et puis le peuple, en murmurant, répète :
Un peu de gloire et plus de liberté.


« Sous les lambris où la foule caresse
« Le fier visir qui joue avec mes pleurs,
« Si quelquefois le tocsin de la presse
« Pour l'effrayer a tinté mes douleurs !
« J'ai vu soudain mon fidèle interprète
« A vingt geoliers de par vos lois jeté ! »
Et puis le peuple, en murmurant, répète :
Un peu de gloire et plus de liberté.


« Guerre à la France a pu dire un barbare,
« Honteux d'un nom vierge de grands succès,
« Le tribunal de l'honneur a sa barre,
« Ah ! laissez-moi plaider ce vieux procès.
« Dans le Kremlin j'irai ceindre ma tête
« D'un beau laurier qu'autrefois j'y plantai. »
Et puis le peuple, en murmurant, répète :
Un peu de gloire et plus de liberté.

« Je vous maudis si mes larmes sont vaines,
« Tenez-en compte, et je vous bénirai.
« N'ai-je donc pas toujours autant de veines ?
« S'il faut du sang je vous en donnerai !
« Mais dans vos doigts vous roulez ma requête!
« Elle fait peur à la majorité. »
Et puis le peuple, en murmurant, répète:
Un peu de gloire et plus de liberté.


« De ce palais gardez bien les issues
« Quelques géants, Spartacus ignorés ;
« Viendraient un jour frapper de leurs massues
« Ceux que mes cris n'auront pas inspirés.
« Mais, songez-y, pour braver la tempête,
« Dans les palais on est mal abrité ! »
Et puis le peuple, en murmurant, répète;
Un peu de gloire et plus de liberté.

## L'EXILÉ.

Air : *Quand secourai-je la poussière.*

Les regards tournés vers la France
Et de mille maux accablé

Ainsi chantait un exilé
Que berçait encor l'espérance :
Victime, hélas ! d'un sort cruel,
Terminerais-je ma carrrière
Sans revoir ma vieille bannière?
Grand dieu ! suis-je donc criminel ?

J'ai vu trembler l'Europe entière
Sous un général indompté,
Comme lui de la liberté
J'ai soutenu la tête altière.
On a renversé son autel,
Mais, loin de suivre son exemple,
Si mon cœur lui servit de temple,
Grand dieu ! suis-je donc criminel ?

Souvent dans une nuit profonde
Les cris de la victoire en deuil
S'élancent du même cercueil
Qui retient le vainqueur du monde.
Peuple, à ce bruit solennel
Mon sang bouillonne dans mes veines !
Ah ! laissez-moi briser mes chaînes,
Grand dieu ! suis-je donc criminel ?

Ministres jusqu'au pied du trône

Portez un front humilié ;
Moi, je n'ai jamais mendié
L'honneur d'une brillante aumône.
Loin de ramper sous un mortel
Que la foule partout encense,
J'a su dédaigner la puissance,
Grand dieu ! suis-je donc criminel ?

Français, le deuil d'une journée
N'a point flétri notre étendard,
Mais de honte le léopard
A vu sa tête couronnée.
Pour venger le toit paternel,
Ce vil sujet de tant d'alarmes
N'entend plus retourner mes armes.
Grand dieu ! suis-je donc criminel ?

Bientôt à ma débile vue
L'univers s'évanouira ;
Bientôt le temps abaissera
Sa main sur mon front suspendue :
Alors au séjour éternel
J'irais donc, en montrant l'histoire :
J'étais Français, j'aimait la gloire.
Grand dieu ! suis-je donc criminel ?

## L'HOMME ERMITE.

Air : *du Comédien d'Etempes.*

Bruyant chaos, seul habitant des villes,
Ton vain éclat ne m'a jamais séduit ;
En répétant quelques gais vaudevilles
J'attends ma fin dans un humble réduit.

Loin des mortels qui reçoivent le sacre
Je nargue en paix le fer de l'assassin ;
Et pour donner le signal du massacre
Je n'entends pas résonner le tocsin.

Noble indigence, accours dans ma retraite,
Je n'y recois ni comtes, ni barons ;
Mais tu verras les amis que je traite,
Si j'ai du pain, nous le partagerons.

Fiers vétérans que la gloire transporte
Et qu'un seul jour la gloire abandonna,
Venez, venez, je vous ouvre ma porte
Nous parlerons d'Arcole et d'Iéna.

Vils courtisans que le ciel en furie

Pour nous punir a placés près des rois,
N'approchez pas ma demeure chérie,
Mon bras tremblant défend encor mes droits.

Fils d'Escobar, toi qni mets à l'enchère
Les lois d'un dieu que tu crois impuissant,
Eloigne-toi, ta vertu m'est trop chère,
Je n'aime pas les paroles de sang

Assis au bord d'une claire fontaine,
Avec Rousseau j'occupe un doux loisir.
Et les trésors du divin Lafontaine
Me font souvent frissonner de plaisir.

 Bruyant chaos, etc.

## LES ÉPAULETTES DU VIEUX SOLDATS.

Air : *De la neige.*

Dans ces temps où la liberté
 Arma les enfants de la France,
Je courus, brillant de fierté,
 Offrir ma vie à sa défense,
J'ai combattu le léopard,

Lorsqu'il excita les tempêtes,
A bien des dangers j'ai pris part.
Dans la plaine, au pied d'un rempa
La gloire a vu mes épaulettes.

Jeune chasseur, aux derniers rangs
J'étais sur le champ de bataille,
Mais devant l'orgueil du tyrans
Mon cœur ennoblissait ma taille.
Pour mes yeux un simple laurier
Avait mille beautés secrètes ;
Enfant, j'eus le nom de guerrier,
Et lorsqu'on me fit grenadier,
Mon sang teignit mes épaulettes.

Allez ramper aux pieds des rois,
Courtisans, rebut de l'histoire ;
Inclinez-vous; plus d'une fois
La brigue à tenu lieu de gloire.
Pour mieux briller à leurs genoux,
Inventez de riches toilettes,
Bien loin d'en paraître jaloux,
Je me crois au dessus de vous
Avec mes vieilles épaulettes.

Ennemis des plus saintes lois

Ma pitié vous doit quelques larmes,
Mais pour anéantir nos droits,
Ne venez pas flatter mes armes.
Honte à qui met l'honneur à prix,
Tournez sur moi vos baïonnettes,
J'étais sous les murs d'Austerlitz,
Avant de trahir mon pays,
J'arracherais mes épaulettes

Au sein de mes humbles guérets
La grandeur me semble importune ;
Je n'éprouve point les regret
Qui suivent l'ingrate fortune.
L'espérance est mon seul trésor,
Jamais par de lâches courbettes
Dans l'antichambre d'un Mondor,
On ne m'a vu pour un peu d'or
Déshonorer mes épaulettes.

Le bonheur m'a donné la main ;
Chaque jour mon âme enivrée,
Sous les douces lois de l'hymen,
Bénit une femme adorée.
Un fils a comblé notre amour,
Je lui rappelle nos conquêtes,

Il tressaille au bruit du tambour !
Comme toi, me dit-il un jour,
Je défendrai mes épaulettes.

## PETIT A PETIT
### L'OISEAU FAIT SON NID.

Air : *ah ! comme on entrait.*

Déjà les frimats
S'éloignent de notre hémisphère,
Nos riants climats
N'offrent plus qu'un lit de fougère ;
Soudain chaque fleur
Reprend sa couleur,
Et de l'amour parfait modèle,
Pour cacher sa flamme nouvelle,
Petit à petit
L'oiseau fait son nid.

Lorsqu'un doux hasard
Nous offre des attraits novices,
Colorons de fard
L'amour et ses folles délices ;
Sachons bien saisir

L'instant du plaisir.
On trouve quelque résistance,
Mais en pareille circonstance
    Petit à petit
    L'oiseau fait son nid.

    Souvent un joueur
Bercé par un espoir frivole,
    Ne croit au bonheur
Qu'à l'instant même qu'il s'envole ;
    Son coffre est ouvert,
    Sur le tapis vert
Il jette sa dernière maille,
Puis il expire sur la paille,
    Petit à petit
    L'oiseau fait son nid.

    Dans les champs d'honneur
Il s'élève plus d'un obstacle,
    Mais notre valeur
N'a jamais consulté l'oracle.
    Les postes sont pris,
    Et, sur leurs débris,
Chaque Français couvert de gloire
Arrive au temple de mémoire.

Petit à petit
L'oiseau fait son nid.

## L'ENFANCE D'UN FRANÇAIS.

Air : *Muses des bois*

Mes chers enfants, mon plaisir est extrême
De vous trouver en récréation ;
Je ne viens point vous ennuyer d'un thême,
Ni vous troubler par une version.
Comme Socrate, en père, et non en maître
Je viens aux noix m'amuser avec vous :
Mais, en passant, je vous ferai connaitre
Un sens moral caché dans vos joujoux.

Contre les flancs de ces sabots rapides,
Si vous voulez qu'ils tournent sans repos,
Dirigez tous vos lanières rigides,
Frappez, fouettez, et dites-vous ces mots :
C'était ainsi qu'à grands coups de houssines

Le pédantisme osait nous gouverner ;
Mais des enfans n'étant point des machines,
Doivent au bien d'eux-mêmes se tourner.

Carte sur carte ils dominaient sur table,
Et les voilà par mon souffle aplatis,
Des vains châteaux, modèle véritable
De ceux qu'en pierre on a jadis bâtis ;
Les ci-devant pour en couvrir la terre
Se consumaient en efforts superflus ;
La Liberté riait de les voir faire :
Elle a soufflé, les châteaux ne sont plus.

Ce cerf-volant qui, malgré la ficelle,
La tête en haut s'élance dans les airs,
Et qui, tout près de la voûte éternelle,
Plane en repos sur le vaste univers,
C'est le Français dans sa sphère nouvelle
Le front levé jouissant de ses droits,
Mais aux vertus, mais aux mœurs trop fidèle
Pour n'y pas être attaché par les lois.

Sur les deux bouts de cette balançoire,
Puissiez-vous suivre un égal mouvement !
Vous offrirez à qui voudra m'en croire,

Le vrai tableau d'un bon gouvernement,
Par son poids seul, il faut que le mérite
S'élève en place alternativement,
Et que la loi puisse observer de suite
Celui qui monte et celui qui descend.

Les voyez-vous, ces quilles indolentes,
Que le hasard se plut à disperser?
Sur trois de front ces neuf sœurs arrogantes
Vont, si je veux, tout-à-coup se dresser.
Tels les tyrans qui dormaient à la ronde
Se sont en bloc réunis contre nous;
Mais cette boule est l'image du monde
Qui, tôt ou tard, les renversera tous.

Que dirons-nous de ce ballon volage
Que l'un à l'autre ici vous vous lancez?
Tant qu'il bondit il prête au badinage;
S'il se déchire alors vous le laissez.
C'est l'émigré dont se rit maint despote,
En ayant l'air d'accueillir son besoin :
Il s'enfle, il saute, et puis on le ballotte,
Enfin il crève oublié dans un coin.

Un savon trouble a formé les bouteilles

Que cette paille enfante tour à tour ;
En grossissant elles sont plus vermeilles,
Mais un instant les détruit sans retour.
Tel, dans la fange, un complot peut éclore,
Et même en beau d'abord se colorer :
Mais il grossit, et d'encore en encore,
L'air, par bonheur, le fait évaporer.

Mais le tambour s'unit à la trompette ;
Je vois briller des fusils, des drapeaux ;
J'entends déjà sur la terre indiscrète
Vingt petits pieds formant leurs pas égaux.
Ah ! voilà bien l'espoir de la patrie !
Continuez, mes petits citoyens ;
Par de tels jeux votre enfance aguerrie
Pour l'avenir lui promet des soutiens.

## LA COLONNE.

*Air connu.*

Salut, monument gigantesque
De la valeur et des beaux-arts,

D'une teinte chevaleresque
Toi seul colore nos remparts :
De quelle gloire t'environne
Le tableau de tant de hauts faits !
Ah ! qu'on est fier d'être Français
Quand on regarde la colonne.

Anglais, fiers d'un jour de victoire
Par vingt rois conquis bravement,
Tu prétends, pour tromper l'histoire,
Imiter ce beau monument.
Souviens-toi donc, race bretonne,
Qu'en dépit de tes factions,
Du bronze de vingt nations
Nous avons formé la colonne.

Et vous, qui domptez les orages,
Guerriers, vous pouvez désormais
Du sort mépriser les outrages :
Les héros ne meurent jamais.
Vos noms, si le temps vous moissonne,
Iront à la postérité :
Vos brevets d'immortalité
Sont burinés sur la colonne.

Pourquoi, sur l'onde fugitive,
Se soustraire au pouvoir royal !
Pour moi, comme la sensitive,
Je mourrai sur le sol natal.
Ah ! si la France un jour m'ordonne
De chercher au loin le bonheur,
J'irai mourir au champ d'honneur
Ou bien au pied de la colonne.

## SI J'ÉTAIS ROI.

Air : *Vaudeville de la Somnambule.*

Si j'étais roi, si l'injuste fortune
M'avait privé des douceurs du repos,
J'irais parfois vers la classe commune
 oir le malheur qui nous rend tous égaux.
 e temps en temps j'oublierais ma couronne,
 our qu'en amour l'espoir me fût permis,
 t quelquefois je descendrais du trône
 our être sûr d'avoir quelques amis.

Si j'étais roi, craignant la fausse gloire
Qu'il faut payer du sang de ses sujets,
Sur les débris du temple de Mémoire
Je fonderais le temple de la Paix.
Mes courtisans n'auraient ni rang ni titre,
Le seul mérite entrerait au château,
Et mes pasteurs n'auraient crosse ni mître,
Mais leurs vertus garderaient leur troupeau.

Si j'étais roi, je dirais au ministre :
Frappez le crime, épargnez un abus ;
Point de rigueur, point de prison sinistre
Pour des bons mots, des couplets, des rébus.
Il faut tâcher qu'on rie en mon empire,
Et contre moi nul ne voudra s'armer.
Si l'on tremblait, le mal deviendrait pire :
Celui qu'on craint on ne peut pas l'aimer.

Si j'étais roi, souvent dans la campagne,
Du laboureur j'irais voir les travaux,
Encourager ses enfans, sa compagne,
De mes bienfaits enrichir les hameaux.
De simples fleurs j'aimerais la culture,
Et déposant le faste et la grandeur,

En me trouvant moins loin de la nature,
Je me croirais rapproché du bonheur.

Si j'étais roi, j'aurais, au lieu d'armée,
Pour me garder, l'amour de mes sujets ;
Pour tout trésor, ma bonne renommée,
Et pour sénat, des hommes toujours vrais.
Point de flatteurs : mais, las!... qui me réveille?
Un songe vain s'est donc joué de moi !
Si je pouvais faire cette merveille,
Je serais sage et ne serais pas roi.

## APPEL AUX CHANSONNIERS.

Air : *De l'aveugle de bagnolet.*

Qu'est devenu le Vaudeville?
Les muses semblent être aux fers !
Tandis qu'à la cour, à la ville
Tant de sujets leur sont offerts.
Faut-il que l'assiégeant se lasse
Au moment d'entrer dans la place?
Combattez, jeunes chansonniers,
Vous serez l'orgueil du Parnasse,
Combattez, jeunes chansonniers,
Méritez de nouveaux lauriers.

Rappelez-vous nos jours d'alarmes,
Et poursuivez d'un vers puissant
Tous ces chefs, qui, malgré nos larmes,
Ont trafiqué de notre sang.
Si l'on vous disait que la France
A perdu jusqu'à l'espérance;
Combattez, jeunes chansonniers,
Un refrain endort la souffrance,
Combattez, jeunes chansonniers,
Méritez de nouveaux lauriers.

Connaissez les rois de la terre;
Démasquez le moins accompli;
Attaquez dans leur ministère
Les faux héritiers de Sully.
D'encens votre muse économe,
Sait comment il faut qu'on les nomme.
Combattez, jeunes chansonniers,
Un ministre n'est rien qu'un homme;
Combattez, jeunes chansonniers,
Méritez de nouveaux lauriers.

Jadis un troupeau de harpies
Voulut relever Loyola,
Mais pour terrasser les impies

Pascal et Voltaire étaient là.
A nous défendre toujours prêtes
Leurs plumes calmaient les tempêtes.
Combattez, jeunes chansonniers,
La foudre est encor sur nos têtes :
Combattez, jeunes chansonniers,
Méritez de nouveaux lauriers.

Contre quelques faux Desmosthènes
Vous pouvez élever la voix ;
Comme les citoyens d'Athènes,
Vous ferez connaître vos droits :
Des lois possédez la pancarte,
Et si jamais l'on s'en écarte,
Combattez, jeunes chansonniers,
Que la charte reste la charte,
Combattez, jeunes chansonniers,
Méritez de nouveaux lauriers.

Mais direz-vous : « le pouvoir veille,
« Est-on sûr de l'impunité ?
« Craignons en lui blessant l'oreille
« De risquer notre liberté.
« Nous savons que la tyrannie
« Se venge lorsqu'on la renie,

Combattez, jeunes chansonniers
Les verroux sont pour le génie.
Combattez, jeunes chansonniers,
Méritez de nouveaux lauriers.

## A BERANGER, ou le peuple et le rossignol.

Air : *Maudit printemps reviendra-tu toujours ?*

Seul beau chantre de mon bocage
Quoi donc ! ne t'y verrais-je plus ?
Dans un coin de l'immense cage
Tu veux, dit-on, vivre en reclus.
Ah ! rends-moi le charme si tendre
De ta mélodieuse voix ;
Puis-je renoncer à l'entendre ?
Doux rossignol, chante encor une fois !

Es-tu vieux ? non, je sais ton âge;
As-tu froid ? je t'offre mon sein ?
Quelque nid à riche apanage
Ferait-il changer ton dessein ?
Suis chaque épi que ma main sème
Je vais reconnaître tes droits :

Le peuple aime bien quand il aime !
Doux rossignol, chante encor une fois !

Bien souvent ton aimable ivresse
Fut un baume pour mes douleurs.
Comme l'enfant que l'on caresse,
Je souriais les yeux en pleurs.
A peine saurais-tu comprendre
Tout le bonheur que je te dois ;
Voudrais-tu donc me le reprendre?
Doux rossignol, chante encor une fois.

Tu m'as rappelé chaque scène
De ce vaste et brillant tableau
Qui commence au bord de la Seine
Et se termine à Waterloo.
Je sais tous les airs d'espérance
Dont tu saluas mes exploits...
Le Nord a menacé la France !
Doux rossignol, chante encor une fois.

Jamais dans la royale ville,
Sur l'arbre de quelque château,
Te n'as pour prix d'un chant servile
Des grands émiété le gâteau.

Je t'ai vu devant plus d'un trône
Gazouiller des conseils ou roi;
Mais c'est toi qui faisais l'aumône!
Doux rossignol, chante encore une fois.

Va te poser vers l'édifice
Où s'engouffrent les libertés.
Voici l'heure d'un sacrifice,
Sauve-moi de mes députés.
En vain ta prudence m'éxite,
Viens, fait ajourner quelques lois;
Pour t'entendre ils iront moins vite!
Doux rossignol, chante encor une fois.

## FRANCE QU'AS-TU FAIT DE TA GLOIRE?

### Air : *De la neige.*

O mon pays, où sont tes défenseurs ? [re,
Sous tes drapeaux lorsqu'ils marchaient naguè-
Au joug affreux de quelques oppresseurs
Nous opposions mille foudres de guerre.
Mais tous ces preux, l'orgueil de nos cités,
Ont disparu sur les bords de la Loire,

Tu les avait tous adoptés,
Les aurais-tu déshérités ?
France, qu'as-tu fais de ta gloire ?

Quand le soleil par son disque éclatant
Venait donner le signal des batailles,
Nos ennemis reconnaissaient l'instant
Du triomphe et leurs funérailles.
A tes genoux on a vu l'univers ;
Ton nom alors n'étoit pas illusoire ;
Mais tes lauriers ne sont plus verts,
Ton calme égale tes revers.
France, qu'as-tu fais de ta gloire ?

Les vents du nord et des climats lointains
Ont seuls vaincus ton audace guerrière.
A Waterloo les coupables destins
Avaient marqué la fin de ta carrière.
Quoi ! nos sillons ont été ravagés !
On a souillé ton noble territoire ;
Tes soldats sont morts outragés ;
Ne seront-ils donc pas vengés ?
France, qu'as-tu fais de ta gloire ?

Non, tu n'es plus la reine des beaux-arts,

Loin de ton sein la grandeur est proscrite ;
Minerve en deuil déserte tes bazars,
Et de ses dons elle te déshérite ;
Entends nos cris voler de toutes parts.
Nous tomberons, et de ta belle histoire,
Bientôt quelques débris épars
Ennobliront seuls tes remparts ;
France, qu'as-tu fait de ta gloire ?


Vois tes enfants vaincus, humiliés ;
Parle, et soudain ils voleront aux armes.
Assez long-temps les peuples alliés
Sous un beau ciel ont provoqué des larmes.
Vils au besoin, politiques adroits,
Ces fils bannis du temple de mémoire,
 Osent jouer avec nos droits !
 Tes sujets se disent tes rois !
France, qu'as-tu fait de ta gloire ?


Pour te venger de tes fiers ennemis
Espère encor des conquêtes prochaines ;
Nos bataillons ne se sont qu'endormis,
Apprends enfin à secouer tes chaînes.
Ah ! sous le poids de leurs cruels anneaux

Laisserais-tu succomber la victoire?
Tes forts n'ont-ils plus de créneaux?
A-t-on vendu tes arsenaux?
France, qu'as-tu fait de ta gloire?

## LE SOLDAT D'ARCOLE.

AIR...

Un vioux soldat, frappé par la mitraille,
Devant Arcole, hélas! allait périr,
Quand un ami, loin du champ de bataille,
Soudain l'emporte et veut le secourir.
Soins superflu! ma dernière heure approche;
Je vois la mort, je la vois sans effroi :
Ma vie est pure exempte de reproche;
Je meurt en paix, frère, adieu! venge moi!

Combien mon sort doit exciter l'envie!
Fut-il jamais un trépas aussi beau!
En combattant, je meurs pour la patrie,
Je meurs enfin près de mon vieux drapeau.
J'entend les cris de nos compagnons d'armes,
Bravant la mort, l'affrontant sans effroi.

Que ce tableau pour mon cœur a de charmes !
Soyez vainqueurs, compagnons, vengez-moi !

Qu'ai-je entendu ? C'est un chant de victoire ;
Sur tous les points triomphent les Français ;
Dans un beau jour ils se couvrent de gloire ;
L'enemi fuit, et je meurs sans regret.
O mon drapeau ! noble orgueil de la France,
Sous tes couleurs je marchais sans effroi.
De te revoir, je n'ai plus l'espérance ;
Adieu, je meurs ! compagnons, vengez-moi.

Ainsi parlait le vieux soldats d'Arcole,
Et d'une voix qu'affaiblissait la mort,
A l'amitié dont la main le console,
Il répétait : Pourquoi plaindre mon sort ?
Sèche tes pleurs ; dans un jour de victoire
Mourir, ami, ne peut causer d'effroi.
Oui, cet instant vient augmenter ma gloire ;
Patrie, adieu ! compagnons, vengez-moi.

## LE GROGNARD.

Air : *Un vieux pêcheur sur les bords de l'Isère.*

Pendant trente ans sur les champs de Bellone
J'ai su braver les dangers, le hasard,
Et maintenant je viens en vieux grognard
M'asseoir au pied de la colonne.
  Et là quand je vois
  Nos brillants exploits,
  La honte des rois,
  La gloire m'aiguillonne ;
  Je suis, sans broncher,
  Tout prêt à marcher [quets,
Au bruit des pan pan, des pan pan, des mous-
Au bruit des tambours, des clairons, des cornets
Au bruit des obus, des bombes, des boulets

C'est à vingt ans qu'au pied des pyramides,
Je burinais mon nom, mon sobriquet,

Avec le fer aigu de mon briquet
Rougi du sang des Abassides.
 Si des fiers sultans
 L'éponge du temps
 A, d'affronts sanglants,
 Lavé leurs fronts livides,
 Marchons donc encor
 Vers le Mont-Thabor
Au bruit, etc.

Quand le Batave, enflé de sa puissance,
Nous provoquait du fond de ses marais,
Qu'avec plaisir je faisais mes apprêts
Pour abattre tant d'arrogance.
 Vaincu, plein d'effroi,
 Il reçoit la loi,
 Et du peuple roi
 Invoque la clémence.
 S'il nous brave encor
 Marchons donc d'accord
Au bruit, etc.

Teutons, Germains, et vous, Scytes farouches,
Qui rassemblez vos épais bataillons,
Vous reverrez bientôt nos pavillons

Aux plus légères escarmouches.
  Des champs de l'Adda,
  D'Esling, d'Iéna,
  De la Moscowa,
  Il reste des cartouches ;
  Et, sans nous coucher,
  Nous saurons marcher
Au bruit, etc.

Vienne, Berlin, Madrid, Naples, Lisbonne,
Dresde, Munich, Varsovie et Moscou,
Vos citoyens ont fléchi le genou
Près du favori de Bellone.
  Quand la France en deuil
  Pleure à son cercueil,
  Vos rois pleins d'orgueil
  Rassurent leurs couronnes.
  Mânes des héros,
  Guidez nos drapeaux
Au bruit, etc.

Si pour châtier le perfide insulaire,
La France encor revendiquait ce bras,
Frêle débris de plus de cent combats,
Je pars pour la rive étrangère.

Enviez mon sort,
Si, touchant le bord,
Je reçois la mort
En plantant ma bannière,
Et vois en mourant
Les Anglais fuyant
Au bruit, etc.

## LE TRONE D'AIRAIN.

Air : *De la Colonne.*

Salut, trône d'airain conquis par nos soldats,
Tu restera toujours l'effroi des potentats.
  En vain des hordes furieuses
  Prétendaient de ton chapiteau
  Cacher les marques glorieuses
  Sous les plis d'un pâle drapeau ;
  Chaque jour le souffle d'Éole,
  Indigné d'un succès bâtard,
  Déchirait ce vil étendard,

Pour nous rendre celui d'Arcole.
Salut, etc.

Salut, immortelle statue,
Vivante image des Césars ;
Va, ne crains pas d'être abattue,
L'honneur veille sur nos remparts.
Regarde cette fonderie
Où la gloire a repris son cours ;
C'est la fournaise des trois jours,
C'est le creuset de la patrie.
Salut, etc.

Sous le saule de Saint-Hélène
Ton ombre dut se réjouir,
Quand zéphire de son haleine
Te porta ce grand souvenir.
Tes cendres, ô fils de Bellone,
Furent captives d'Albion ;
Mais ton âme, comme un rayon,
Brilla toujours sur la colone.
Salut, etc.

Descends du haut de l'Empirée,
Enfant du héros de Memphis ;

L'aigle sous la voûte azurée
Plane et fait entendre ses cris.
Ecoute cet oiseau fidèle,
Il cherche en vain sur ce fronton
Les restes d'un beau rejeton
Pour les réchauffer sous son aîle.
Salut, etc.

J'ai vu mille cordes tendues
Vouloir déraciner le fer
D'un piédestal qui vers les nues
Conduit l'aigle de Jupiter.
Ils croyaient, ces nouveaux Vandales,
Ebranler ce fier monument,
Quand notre sang fut le ciment
Qui scella ses premières dales
Salut, etc.

Etrangers, viendrez-vous encore
Insulter à tant de malheurs ?
Le faux laurier qui vous décore
Jadis nous fit verser des pleurs.
Oh! craignez de revoir la terre
Que foulèrent vos pieds impurs.

Pour vous écraser sous ses murs
Paris deviendrait un cratère.
Salut, etc.

## LES COMBATTANTS DE JUILLET.

Air: *Ah! daignez m'épargner le reste.*

A nous, enfants des barricades,
A nous, le tocsin va tinter.
Déjà sous nos saintes arcades
Des bras sont prêts à l'agiter.
Celui d'un peuple qui châtie,
Fort comme le flot des torrents,
Doit passer sur tous les tyrans
Qui voudraient trahir la patrie

Du pays ils font un théâtre
Où ruissela le sang français;
A leur épée opiniâtre

Disputez un dernier succès.
Dans quelque trame bien ourdie ;
Soudain en scène paraissez ;
Frappez juste, vous connaissez
Les héros de la tragédie.


Quelques vandales fanatiques
Heurtent nos codes à leur gré ;
Moins qu'eux, des pouvoirs despotiques
L'empire atteignit le degré.
Contre nos plus chères coutumes
Bornons le cours de leurs exploits ;
S'ils rêvent de nouvelles lois
Faisons-en des œuvres posthumes.


Tout haut des sénateurs à gage,
Trop certains de l'impunité,
Jettent dans leur propre langage
Une insulte à la liberté.
Tout bas nous chantons ses louanges ;
Thémis qui veille les défend ;
Notre siècle est encor enfant,
Sachons l'arracher de ses langes.

Hardi, frères, tête à l'orage,
Courons de la vie à la mort;
Honte à qui traîne son courage,
Ou qui marche avec un remords;
Ecoutez la voix qui nous crie :
L'honneur offre plus d'un écueil;
Mais qui le suit jusqu'au cercueil
A mérité de la patrie.

Rêvons encor nos grandes fêtes,
Devant nous l'Europe trembla.
Sous le poids de quelques défaites
En vain elle nous accabla.
La gloire nous doit un vieux compte,
Rouvrons les chemins du danger,
Et, sur le sol de l'étranger,
Courons secouer notre honte.

## LA LIBERTE.

Air : *Muse des bois, etc.*

—

Dans l'art de peindre écolier bien novice,
Cherchant des fleurs au lyrique vallon,
Sans m'effrayer d'un chemin où l'on glisse,
Audacieux, je grimpe à l'Hélicon.
Narguant toujours la critique ennemie
Dans mon essor je vole avec fierté.
Coulez, mes vers, en dépit de l'envie,
Pour vous aussi naquit la liberté.

Un écrivain de mince renommée,
Pour expier un trop leste couplet,
Les yeux en pleurs, et l'âme consternée,
A la prison des muses se rendait.
Mais le geôlier, riant de ses alarmes,
Lui dit : Monsieur, un peu de dignité !
C'est en chantant plutôt qu'avec des larmes
Qu'on vient ici perdre sa liberté.

Adroits flatteurs, hommes sans caractère,
Dont les genoux s'usent aux pieds des rois,
Je vois vos fronts inclinés vers la terre
Pour obtenir une place, une croix.
Vos yeux charmés poursuivent la fumée
Des vains honneurs que vend la royauté.
Quittez, quittez votre vieille livrée,
Et reprenez l'habit de liberté.

Aux durs anneaux d'une pesante chaîne,
Sans murmurer le nègre offre sa main.
Dans un marché la menace l'entraîne
Et l'intérêt l'achète avec dédain.
Peut-être un jour ces serfs que l'on maltraite,
Lassés d'un joug qu'ils ont long-temps porté,
Un beau matin, au maître qui les fouette,
Feront entendre un cri de liberté.

Mais vous, méchants, que jamais ne contente
L'intégrité, la sagesse des lois,
Quand le pouvoir a trompé votre attente,
C'est, dites-vous, une insulte à vos droits.
Détrompez-vous ; le mot indépendance
Ne veut pas dire abus, impunité.

Quoi ! l'on verrait la justice de France
A mille excès donner la liberté.

## AUX CANDIDATS CARLISTES.

Air : *Ma Lisa, tiens bien ton bonnet.*

L'ai-je entendu ? quoi, votre voix impie
A la tribune irait porter des sons !
Dans les manoirs si longtemps accroupie,
Quoi ! quelques nobles aux sanglants écusson
Voudraient encor imposer nos moissons !
Ah ! taisez-vous, votre secte ennemie
N'a plus de place aux bancs des députés ;
Un tel contrat serait une infamie ;
Nous veillons sur nos libertés.

A sa croyance on doit rester fidèle,
Commandez donc à vos cœurs trop changeants:
Aimeriez-vous la France alors que d'elle
Vous n'obtenez dans vos soins diligents
Que le dédain aux gestes outrageants.

Sa politique est une terre inculte
Pour les abus sous vos lois implantés;
Au lys banni gardez mieux votre culte.
   Nous veillons sur nos libertés.

Pour parler haut vos voix sont bien cassées
Et vous feriez d'impuissants orateurs.
De vos discours disséquant les pensées,
On jetterait à vos front de rhéteurs
C'est quatre mots : *vous êtes des menteurs.*
Que vous rèviez des vengeances ignobles,
Qu'un vent du nord nous souffle vos traités,
Notre forum sera veuf de tels nobles.
   Nous veillons sur nos libertés.

En unissant vos fœtus à nos torses,
Demain peut-être un trône croulerait,
Et du fronton des colonnades torses
Un étendart aussitôt tomberait,
Et savons-nous qui le remplacerait ?
Il faudrait donc, comme jadis nos pères,
Porter la guerre au sein de nos cités ?
De nous la France attend des jours prospères,
   Nous veillons sur nos libertés.

Vous avec nous! pourquoi donc? pour abattre
Un cabinet dont la porte est sans gonds?
Le duelliste, alors qu'il va se battre,
Choisit toujours de vigoureux seconds,
Et ne veut point de tremblants moribonds.
Dans ce combat de la raison austère,
De vrais amis seront à nos côtés :
Nous voulons moins qu'abattre un ministère;
   Nous veillons sur nos libertés.

Ne parlez plus de force populaire;
Pour nous tromper vos cris sont superflus.
Oiseaux de deuil, vous prétendez sur l'aire,
Du pauvre peuple, aigle longtemps perclus,
Des flots royaux faire monter le flux.
Avant de tendre une main aux alcides,
Les morts de l'Ouest sont-ils ressuscités ?
Et puis doit-on l'offrir aux rigicides
   Qui veillent sur leurs libertés ?

## L'EPOQUE.

Air : *à soixante ans.*

Au temps passé d'une cour trop lassive
La France était indolente comme eux ;
Quatre-vingt-neuf la rendit progressive;
A notre tour montrons-nous donc fameux.
A des abus si l'époque est soumise,
Sur une mer nous voguons sans agrès !
Laborieux, utilisons la brise !
Et nous dirons : nous marchons au progrès.

Quant l'artisan, enfant de la misère,
A notre école attise ses désirs,
Grands, vous rendez sa peine plus amère
Par votre luxe et vos bruyants plaisirs.
Dans son dégoût il marche au suicide,
Le désespoir en a fait les apprêt ;
Pour l'y soustraire opposez votre égide,
Et nous dirons : nous marchons au progrès.

Par le duel, sottise héréditaire,
Pour notre époque infamante leçon,
En l'insultant on tue un adversaire ;
On est adroit, mais on n'a pas raison.
L'honneur n'a point de fleuret sous son aile ;
A qui détruit son prochain sans regrets
Inspirez donc l'amitié fraternelle,
Et nous dirons : nous marchons au progrès.

Prêtres, en vain vous prêchez la ruine
De cette terre, où, malgré vos efforts,
L'homme détruit votre fausse doctrine,
Pour l'arrêter êtes vous assez forts ?
Non, évitez une chute fatale.
Pour vous grandir en l'abordant de près,
A ce grand siècle enseignez la morale,
Et nous dirons : nous marchons au progrès.

Jamais Jésus, dont la gloire est sacrée,
N'a sur les siens jeté l'épouvantail :
Loin d'immoler la brebis égarée,
Ses tendre soins la rendaient au bercail.
Puissants du jour, qu'en vos noms on publie
Avec orgueil de bienfaisants décrets :

Que des Samson la tâche soit remplie,
Et nous dirons : nous marchons au progrès.

Le préjugé, comme aussi l'égoïsme,
Chez nous toujours seront-ils tolérés ?
N'aurons-nous point d'accueil pour le civisme,
Pour la raison quelques temples sacrés ?
Société, des luttes obstinées
Peuvent frapper tes vices indiscrets;
Prépare-nous de hautes destinées,
Et nous dirons : nous marchons au progrès.

## LE ROTURIER.

Air : *Du lancier polonais.*

Valets titrés dont la seule naissance
Fait le mérite et la gloire ici bas,
Naguère encor, jouet de l'ignorance,
Le pauvre peuple, en vous cédant le pas,
Vivait de honte et ne s'en plaignait pas.
Le joug cruel de l'aristocratie

Retint longtemps son essor prisonnier ;
Mais libre enfin sa voix vous crie :
Justice au droit du roturier !

Sans parchemin si le sort nous fit naître
A vos genoux devons-nous donc viellir ?
Dieu nous créa, Dieu seul est notre maître
Sur cette terre où l'on nait pour mourir,
La vertu seule a le droit d'ennoblir.
Ne rêvez plus des gloires éternelles,
Vers vous l'écho se frayant un sentier,
Redit jusque sur vos tourelles
Le triomphe du roturier.

Dans ces salons ouverts à l'industrie
Venez du doigt désigner vos travaux !
Mais rien de vous n'honore la patrie,
Le peuple seul, variant ses tableaux,
Est toujours riche en prodiges nouveaux.
Bercés pourtant sur un char par la ville
D'un œil moqueur vous lorgnez l'ouvrier.
Chapeau bas ! valetaille inutile
Devant l'utile roturier.

Que vois-je, hélas ! à cette boutonnière ?
Ah ! c'est le prix qu'on donne à la valeur.

Que de soldats mutilés à la guerre
Ont mérité cette insigne faveur,
Mais preux sans nom valent-ils tant d'honneur?
Vierge au combat, cependant votre épée
N'arma jamais votre bras écolier :
   Rendez cette croix usurpée
    Au brave soldat roturier.

De vos trésors craintives sentinelles,
Dormez sans peur au cri d'égalité;
Plus généreux dans ses nobles querelles,
D'un vil métal bien loin d'être tenté
Le plébéin rêve à la liberté;
Semblable au serf meurtri sous les entraves,
Il a brisé son ignoble collier,
   Et de la liste des esclaves
    Rayé le nom de roturier.

Mais, grâce au ciel, le peuple enfin s'élève,
Et sur son front, trop longtemps abaissé,
Brille un orgueil qui nous dit : plus de trêve!
Par le travail tout doit être éclipsé,
Marquis si fiers, votre règne est passé.
Votre écusson, hochet trop éphémère
Ne fut pour vous qu'un faible bouclier.

Quand vous bravâtes la colère
Du pacifique roturier.

## DIEU AUX ROIS ABSOLUS.

AIR : *Muses des bois, etc.*

Quand du néant je fis sortir le monde,
Je créai l'homme impuissant, faible, nu ;
Bientôt l'orgueil aux racines profondes,
Chez lui prit germe, et je fus méconnu.
Sous des tyrans il surgit des esclaves.
Depuis ce temps ma voix, du haut des airs,
Crie aux méchants qui forgent des entraves
Tout est à moi, pouvoir, sceptre, univers.

Pour usurper mes droits et ma puissance,
Oubliez-vous que vous êtes mortels?
Dans vos palais la gloire vous encense,
Hommes d'argile il vous faut des autels.
Prosternez-vous, à moi seul on doit croire,
Je règne aux cieux et jusqu'au bout des mers.

Suis-je donc Dieu pour partager ma gloire ?
Tout est à moi, pouvoir, sceptre, univers.

Vous ai-je dit, armés d'un cimeterre,
De trafiquer des malheureux humains ?
Y songez-vous ? Le sceptre de la terre
Est trop pesant pour vos débiles mains.
Moi, j'ai la force, à moi ce grand domaine;
C'est moi qui donne et qui brise les fers.
Nains révoltés, courbez-vous sous ma chaîne..
Tout est à moi, pouvoir, sceptre, univers.

Qu'êtes-vous ? rien ; puisqu'hélas ! de ce faîte
Que par le sang toujours vous atteignez,
Vous fait descendre une seule défaite,
Quand de la veille à peine vous régnez.
On a souvent brisé votre colère,
Et votre foudre a connu les revers.
Pour toujours vaincre il faudrait mon tonnerre!
Tout est à moi, pouvoir, sceptre, univers.

Il faut des lois pour punir les coupables;
Il faut des lois pour tuer les abus;
Mais trop souvent vos fureurs implacables
Livrent la guerre aux plus nobles vertus.

Plus d'un grand cœur, de vos haines victime,
Triomphe au ciel au milieu des concerts ;
Laissez-moi donc la vengeance du crime,
Tout est à moi, pouvoir, sceptre, univers.

Las de souffrir lorsqu'un peuple murmure,
Et qu'il relève un front humilié ;
Lorsqu'avec rage il saisit son armure
D'un bras vengeur et trop long-temps lié,
Il a raison, j'aime sa voix qui crie :
Egalité ! Périssent les pervers !
Tous sont égaux au sein d'une patrie,
Tout est à moi, pouvoir, sceptre, univers.

## NE NOUS DIVISONS PAS.

Air: *N'insultez pas ce qui n'est pas.*

Il est au port, le vaisseau de la France,
Longtemps en butte à la fureur des flots.
N'irritons pas une mer en silence ;
Qu'un calme heureux succède à tous nos maux.
De nos discordes les sanglantes épreuves

Nous ont laissé, pour prix de nos combats,
Des orphelins, des tombeaux et des veuves;
O mes amis, ne nous divisons pas.

Vous qui prenez pour du patriotisme
Quelques grands mots vains et séditieux,
Abjurez donc ce cruel fanatisme,
Et renversez l'autel de vos faux dieux.
De bonne foi si vous aimez la gloire,
Si les lauriers ont pour vous des appas,
La Marseillaise est un chant de victoire.
O mes amis, ne nous divisons pas.

Ardents prôneurs de la rouge bannière,
Oui, comme vous j'aime la liberté;
Mais, croyez-moi, c'est une erreur grossière
De s'acharner contre l'autorité.
Pour l'étranger gardez votre vaillance;
S'il nous trompait, ah! réclamez nos bras!
Pour être fort dans un jour de vengeance,
O mes amis, ne nous divisons pas.

Sachez-le bien, la discorde publique,
Sans nous servir favorise les rois;
Mais l'union, ce bouclier magique,

Met à couvert nos invincibles droits.
Lorsqu'en juillet on y fit une brêche,
Pour déjouer d'horribles attentats,
Paris d'accord n'alluma qu'une mêche.
O mes amis, ne nous divisons pas.

Vous qu'on a vus pour une indigne race
Abandonner nos drapeaux glorieux,
Ne craignez rien, le peuple vous fait grâce,
On peut compter sur son cœur généreux.
Venez: la France est prête à vous absoudre;
A l'ennemi, pour ne pas être ingrats,
Un beau matin vous renverrez la poudre.
O mes amis, ne nous divisons pas.

Fiers de nos droits, mais sans intolérance,
Bornons l'essor de notre ambition :
Sachons jouir de notre indépendance
En repoussant l'exagération.
Qu'un seul faisceau réunisse nos armes,
Et les tyrans fuiront devant nos pas.
De la patrie, enfin, séchons les larmes !
O mes amis, ne nous divisons pas.

## VICTOIRE DE MAZAGRAN.

Air: *Du mont Saint Jean.*

Quel bruit éclatant de victoire
Vient donc tout-à-coup retentir !
C'est un de ces faits dont la gloire
Grave partout le souvenir
Dans les plaines de l'Algérie,
Pendant quatre jours nos guerriers,
En illustrant notre patrie,
Ont cueilli les plus beaux lauriers.
Nobles héros, la gloire de la France,
Vainqueurs de Mazagran, modèles de vaillance,
Clio pour vous avec fierté
Ouvre le temple d'immortalité.

Contre une garde formidable
Nos preux soutiennent bravement
Une défense redoutable
Dans un faible retranchement.
Sous les boulets ( ciel ! quelle crise ! )

On voit une brèche s'ouvrir ;
Mais nos braves ont pour devise
Ces mots sacrés : vaincre ou mourir.
Nobles héros, etc.


Lelièvre, ce grand capitaine,
Tel qu'un nouveau Léonidas,
Cédant à l'ardeur qui l'entraîne,
Harangue ses vaillants soldats :
Bientôt des masses en furie
Livrent de terribles assauts :
Qui les détruit ? c'est l'énergie
De nos Spartiates nouveaux.
Nobles héros, etc.


Enfin, confondu dans sa rage,
Lassé par tant de vains efforts,
L'ennemi quitte ce parage,
Et laisse un champ couvert de morts.
Vraiment, c'est un trait des plus rares,
Qui double l'éclat du succès,
De voir douze mille barbares
Vaincus par cent vingt-trois Français.
Nobles héros ;

Pour rendre un éternel hommage
A tous ces vaillants demi-dieux,
Nous accomplirons ce vœu sage
Par un monument glorieux.
Chacun, d'un regard vénérable,
En goûtant un charme nouveau,
Verra ce trophée admirable,
Digne d'un triomphe si beau.
Nobles héros, etc.

## DÉFENSE DE MAZAGRAN.

### PAROLES DE J.-E. AUBRY.

*Air de l'Orphelin des trois jours.*

Honneur à vous est le cri qu'on répète,
Honneur à vous, braves soldats Français ;
La Renommée, au son de sa trompette,
Publie au loin votre brillant succès.
Oui, pour toujours vous viviez dans l'histoire,
Déjà Clio, sans perdre un seul instant,
En lettres d'or inscrit votre victoire,
Honneur à vous, soldats de Mazagran ?

Quand près de vous, ce vil troupeau d'esclaves
Faisait siffler le plomb, le biscayen,
Comme autrefois s'écriaient nos vieux braves,
Vous avez dit : le nombre n'y fait rien.
Vaillans héros d'une belle patrie,
Entendez-vous la voix d'un conquérant ?
Du haut des cieux, Napoléon vous crie :
Honneur à vous, soldats de Mazagran !

Pendant trois jours d'un courage héroique,
En vous battant contre ces Africains,
Vous fites voir (le fait est historique)
Qu'un Français vaut à lui seul cent Bedouins,
Abd-el-Kader, il faudra que tu cèdes,
Auprès de nous, tu n'est qu'un faible enfant;
Un dieu puissant nous protége et nous aide;
Honneur à vous, soldats de Mazagran ?

Soldats, pour prix d'une telle vaillance,
Il est à vous, gardez votre drapeau,
Soyez-en fiers, c'est votre récompense,
Noir de fumée à vos yeux il est beau.
Et tous les ans, jour de l'anniversaire,
On relira ce fait d'arme éclatant,

En ajoutant à l'ordre militaire :
Honneur à vous, soldats de Mazagran ?

## HOMMAGE

#### AUX CENDRES DE NAPOLEON

*Air de la Colonne, ou de la Rouennaise.*

O France ! ô ma belle patrie,
Quel bonheur pour toi luit en ce jour ;
Napoléon, oui ta cendre chérie,
Vient réveiller tout notre amour.           bis
A tes restes, à ta gloire si belle,
Dont s'honore la nation,
Faut un tombeau comme ton nom,
Comme ta vaillance immortelle.              bis

Vieux débris des bords de la Loire,
Aujourd'hui vous versez des pleurs,
Rappelez-vous de ces jours de victoire
Où partout vous étiez vainqueurs,

Fiers d'avoir servi sous ses armes,
Que ce jour soit un jour de bonheur,
Et dans la joie qu'éprouve votre cœur,
Il faut sécher, sécher vos larmes,

Anglais, le sort, la destinée
Vous laissaient en main ce trésor,
Mais la gloire chez vous n'est pas née,
A ce titre il est à nous encor.
Si la trahison, la perfidie
De Waterloo vous fit faire un beau nom,
Souvenez-vous du grand Napoléon,
Tremblez s'il recouvrait la vie.

Grognards, vtore grand capitaine,
Qui vous conduisait aux combats,
N'appartient pas à l'île Sainte-Hélène
Mais bien à ses vieux soldats.
Vous le rendre vaut une conquête,
Conservez bien ses restes précieux,
Chacun de vous, dans ce moment heureux,
D'un laurier peut parer sa tête.

BALAND.

## ADIEUX D'UN CONSCRIT,

### OU LE DEPART DU REGIMENT.

*Air nouveau.*

J'entends l' tambour qui rappelle,
 Rataplan, plan plan,
 Plan plan, rataplan,
 Adieu, ma tourterelle,
Il faut que j'te lâche d'un cran.   (*bis*)


 L'beau sesque est sur le qui vive
 Au départ du régiment,
 Que d'mouchoirs à la lessive
 Dans les pleurs du sentiment. J'entends.


 Sus l'bagage d'la caserne
 Sont nichés les chiens barbets,
 Les femm's, les enfants d'giberne
 Font nombre avec les paquets.  j'ent.


 L'troupier c'est l'oiseau d'passage,
 C'est l'amour, aux moustach's près,

Quand il est sorti d' sa cage,
C'est pour n'y rentrer jamais. j'ent.

Entends-tu ? v'là d' la musique
Qu'escortent tous ces flaneurs ;
Adieu, pour l'amour, bernique!
Dans l' cacis noie tes pleurs. j'ent.

Allons y faut qu'on s' résigne,
Adieu, reste à ton endroit,
Toujours fidèle à la ligne,
C'est le moyen de marcher droit. j'ent.

L'régiment part pour la guerre,
Il faut que j'aie la croix d'honneur,
Quand même j' devrais m' fair' faire
Un' jambe par le tourneur. j'ent.

On dit qu' si j' prends une redoute,
J' pourrai d'venir général ;
Ma jambe de bois s'ra sans doute
Mon bâton de maréchal. j'ent.

Si t'apprends que dans l' carnage
Le canon m'a démoli,

Tu diras: c'est ben dommage!
Il n'était pas mal bâti.           j'ent.

  Si tout's mes particulières
Pleur'nt quand j' vais déménager,
Ça fera gonfler la rivière,
Y s'ra bon d' savoir nager.      j'ent.

## FAUT PARER SA P'TIT' CHAPELLE.

Air: *de la petite Sœur.*

Je possède un réduit discret
Loin des méchants et de leurs ruses,
Où mon cœur s'épanche en secret
En donnant audience aux muses;
Sur mes panneaux, sur mes lambris,
Où nul orgueil ne se révèle:
J'ai posé les portraits amis
Des demi-Dieux de mon pays;
Il faut parer sa p'tit' chapelle.

7

De sa table Urbain a proscrit
Cidre, poiré, bière et piquette ;
Mais, dans le caveau qu'il chérit
Chaque vin porte une étiquette ;
En augmentant d'un crû nouveau
Sa riche et longue kyrielle,
Il dit en clouant l'écriteau :
Mon temple à moi, c'est un caveau.
Il faut parer sa p'tit' chapelle.

Rosine au fond de son boudoir
Emploie, à ce que l'on assure,
Et cosmétique et démêloir
En frisottant sa chevelure.
Pour couver les adorateurs
Sous les rayons de sa prunelle,
Pour pouvoir, sans soins, sans labeurs,
Lever la dîme sur les cœurs,
Il faut parer sa p'tit' chapelle.

Un prélat, à certain curé,
Disait: « soignez le sanctuaire,
« Les croix, les saints en bois doré
« Font grand effet sur le vulgaire ;
« Pour produire un pieux effroi,

« Pour gonfler la sainte escarcelle,
« Séduisez les yeux, croyez-moi,
« Le prestige entretient la foi...
« Il faut parer sa p'tit' chapelle.


Ce bon roi, qui prisait les cors...
...de chasse, et les canons ... d'église,
Disait en livrant nos trésors
Aux grands, ainsi qu'à la prêtrise :
Puisque l'on m'adore en haut lieu,
Récompensons un si beau zèle ;
A mon tour ne puis-je, morbleu !
Canoniser qui me fait Dieu?..
Il faut parer sa p'tit' chapelle.


On blâme de la veuve Aimond,
Et la toilette et la dépense ;
Sans embarras elle répond
Aux colporteurs de médisance :
Aujourd'hui, je puis en chemin
Rencontrer un garçon fidèle
Qui m'offre et son cœur et sa main,
Pour loger le cierge de l'hymen,
Il faut parer sa p'tit' chapelle.

Sitôt que vient à trépasser
Un gros tripoteur sur la rente,
Ses héritiers lui font dresser
Une riche chapelle ardente;
Le velours marquant les douleurs,
De larmes d'argent étincelle;
On met des flambeaux et des fleurs;
Il ne manque rien ... que des pleurs...
Il faut parer sa p'tit' chapelle.
Louis Festeau.

## LE VIEUX GRENADIER.

Air : *N'croyez pas, ma cocote.*

V'là quel est mon système :
Dans la vie il faut s'pousser
En bousculant soi-même
C'qui nous empêche d'passer;
Quand l'poltron, muet d'surprise,
Fuit l'objet de sa frayeur :

L'brave y court, l'attaque et l'brise ;
    Eh! pett' qu'a peur!!..

Là bas ou l'on s'bataille :
( M'suis j'dit en dix huit cent trois)
Il y pleut d'la mitraille,
Des épaulett's et des croix.
J'veux d'tout ça sur ma souq'nille,
Galopons au champ d'honneur,
Tanpis si j'y laisse un'quille,
    Et! pett' qu'a peur!!

Près d'un minois qu' j'estime
Longtemps j'veux pas m'escrimer,
J'lui dis : « j'connais la frime,
« La belle, allons! faut m'aimer!
Puis, lâchant les gaudrioles,
J'pousse... un argument vainqueur,
en affrontant les torgnoles,
    Eh! pett' qu'a peur!!..

En walsant dans le monde,
Sur la Meuse et sur le Pô,
La brun', la rouss', la blonde,
Ont sur moi mis l'embargo;

J'disais : g'n'y' a que l'feu qui brûle,
Dam' Vénus avec son cœur
N'donn' pas toujours un' pilule...
    Eh ! pett' qu'a peur !!..

C'grand consommateur d'homme,
Napoléon, c'vieux grognard,
De ces jeux ou l'on s' dégomme
En queuqu's mots résumait l'art :
Non de d... c'carré m'embête,
Grenadiers ! à vous l'honneur !!.;
En avant la bayonnette,
    Eh ! pett' qu'a peur !!...

C'princip' fait qu'en Hongrie
Où l'bal venait d' s'engager :
D'vant un' redoute on crie:
V'là l'enn'mi, faut l' déloger !
Nous, pas *faignant*, pas timides,
J'courons.... j'ai t'y du bonheur ?
J'pinc' la croix.... et l'z'invalides,
    Eh ! pett' qu'a peur !!..

Si mes membres aux frontières
Sont tombés sous le scalpel,

J'dis bah ! g'n'y'a pas d'misères,
D'aucuns répond'nt à l'appel;
Moi, qu'a porté des tricornes,
J'crains pas l'hymen, c'vieux farceur,
Qui m'fait le diable et ses cornes!!..
  Eh! pett' qu'a peur!!..

Un lapin d'mon espèce,
Qu'a pas l' temps d'être amoureux,
N'faut pas un' p'tit' jeunesse,
Faut un' femme entre les deux;
On m'en offre un' qui se r'biffe,
Tant mieux ! j'pris' peu la douceur,
D'la chatte j'rogn'rai les griffes,
  Eh! pett' qu'a peur!!..

Dieu! qu' c'est gentil l'ménage!
Quand j'veux blanc, ma femme veut noir,
Sa bile se dégage
La nuit le matin et l'soir.
Sans qu'ma moustach' soit ridée,
J'fais comm' sous défunt l'Emp'reur,
D'aplomb j'reçois la bordée.
  Eh? pett' qu'a peur!!..

Louis Festeau.

Philantropes en équipages,
Qui blamez l'avare ... en vos pages,
Pourquoi donc au pauvre oublié,
N'offrez-vous ... que de la pitié ?..
Vous, qui vengez la morale publique,
    Mettez, mettez-donc
Vos discours en pratique.      (*bis*)


Vous, qui dans le temple des lois,
Blâmez du geste et de la voix
Les maisons de jeux clandestines
Accomplissant tant de ruines,
Pourquoi-donc, volant les impôts,
Changer vos salons en tripots?
Vous, qui vengez la morale publique,
    Mettez, mettez-donc
Vos discours en pratique.      (*bis*)


Vous qui, gonflés de charité,
Dans la chaire de vérité,
Lancez les foudres canoniques
Sur les commerçans en boutiques,
Pourquoi tarifer au saint-lieu
La prière et l'encens de Dieu ?..

Vous qui vengez la morale publique,
Mettez, mettez donc vos discours en pratique!
Mettez-donc vos discours en pratique!

Louis Festeau.

## FAIS TOUJOURS COMME ÇA.

Air: *Quel bonheur de se revoir.*

Peuple français, tu fis de tes droits la conquête
Quand tu dis aux Capets dont le joug t'accabla;
Vous n'irez pas plus loin, ou ma justice est prête.
    Monarques, halte-là.
    Fais toujours comme ça.

Peuple, rappelle-toi vingt-cinq ans de victoire:
Sous tes pas de géant le monde entier trembla:
« Liberté, disais-tu, conduis-nous à la gloire..;
    « Eesclaves, halte-là. »
    Fais toujours comme ça.

Peuple, que tu fus grand au trois jours de bataille
Où sous ton bras de fer un trône s'écroula.
Tu disais en bravant les feux et les mitrailles :
« Despotes, halte-là.
Fais toujours comme ça.

Peuple, souviens-toi bien de ce trait qui t'honore,
Quand tu jetas la pierre au fils de Loyola.
Redis-leur s'ils touchaient au drapeau tricolore :
« Tartufes, halte-là. !... »
Fais toujours comme ça.

Peuple, dans la patrie écoutant une mère,
Tu dis aux courtisans que l'amour aveugla :
De qui règne sans moi le sceptre est éphémère.
« Parjures, halte-là.
Fais toujours comme ça !

Peuple, de Dieu ta voix à toute la puissance,
En cri retentissant ton courroux s'exhala ;
Dis encore aux Tristans de la Sainte-Alliance:
« Fanfarons, halte-là !
Fais toujours comme ça.

E. C. P<small>ITON</small>

## LA RELIGION FRANÇAISE.

Air *du Remouleur.*

Aux autels, aux cultes divers
Chacun croit et prie à sa guise ;
Moi, je vondrais que l'univers
N'eût qu'une foi, n'eût qu'une église.
Pour voir le monde racheté
Des ténèbres de l'ineptie,
Je voudrais que la liberté
Pour tous fût un nouveau Messie.

Pour dissiper l'aveuglement
Des sectateurs du despostisme,
Français, faites un mandement
Et promulguez mon cathéchisme.
La liberté, voilà mon dieu,
Mes anges, les bons publicistes ;

Rousseau, Voltaire, Montesquieu,
Voilà mes seuls Evangélistes.

Le jour qui d'un roi criminel
Vit prononcer la déchéance,
Pour les Français fut un Noël ;
La liberté reprit naissance.....
Raison, ton éclat précurseur
Des ténèbres perça le voile,
Et pour annoncer le sauveur
La charte fut l'heureuse étoile !

Qu'elle serve de guide aux rois,
On les verra, comme les mages,
A mon Jésus tous à la fois
S'empressant d'offrir leurs hommages....
Loin de lui prodiguer l'encens
Aucun d'eux ne s'en accommode ;
Mais le meurtre des innocents
A-t-il fait triompher Hérode ?

Faux prophètes ; vils histrions,
Chez nous ont le pouvoir suprême,
Et malgré nos rogations

Nous préparent un long carême ;
Mias l'espoir fait tout supporter,
La liberté meurt sous les chaînes....
Nous la verrons ressusciter ;
Attendons les Pâques prochaines.


Les lumières sur les partis
Répandront leur éclat, j'espère ;
A nos ministres convertis
Nous devrons un destin prospère !
Sur les Judas audacieux
Qui mettent nos droits à la côte,
L'esprit-saint descendra des cieux
A la prochaine pentecôte !


Plus d'un Philistin arrogant
De notre chagrin fait sa gloire ;
Qu'il ose nous jeter le gant,
Et je réponds de la victoire.
Nos émigrés montrent les dents ;
Rions de leurs fanfaronnades ;
Ces païens-là sont trop prudents
Pour nous provoquer aux croisades.

Malgré les efforts du démon
Que l'on nomme sainte alliance,
Des états, un jour, le timon
Sera dans les mains de la France.
Les peuples en dépit des rois,
Fêtant mon Dieu tous à la ronde,
Diront d'une commune voix :
Vive le rédempteur du monde !

E. C. Piton.

FIN.

www.ingramcontent.com/pod-product-compliance
Lightning Source LLC
LaVergne TN
LVHW050627090426
835512LV00007B/712